DISCOVRS

ET
ADVIS,

SVR LES CAVSES DES
MOVVEMENS DE L'EVROPE.

Enuoyé aux Roys & Princes, pour la conseruation de leurs Royau- mes & Principautez.

FAIT PAR MESSIRE ALERIMAND Cunrad, Baron d'Infridembourg, & Comte du Palatinat.

Et presenté au ROY par le Comte de Fistemberg, Ambassadeur de l'Empereur.

TRADVIT PAR LE COMMANDEMENT DE sa Majesté.

A PARIS,

Chez IOSEPH BOVILLEROT, ruë vieille Drapperie au Lyon d'or.

M. DC. XX.

Auec priuilege du Roy.

EXHORTATION
AVX ROYS ET PRINCES,
SVR LE SVBIECT DES

Guerres de ce temps, pour la conseruation de leurs Estats & Monarchies.

ENVOYEE AV PRINCE PALATIN, PAR LE COMTE DE FRIDEMBOVRG.

D EVX choses, ô Roys inuincibles & Princes tref-Illustres, m'ont conuié à vous écrire ; l'Experience & ma Vieillesse ; Cette-cy me doit dóner credit vers vous, puisque i'ay quatre vingts trois ans passez, Que ie suis

A

fans Enfãs ny Succeffeur qui m'oblige
à rechercher vos Faueurs: & qu'il ne me
refte rien à defirer de vos Bien-veillan-
ces , mes yeux n'eftant plus occupez
qu'à confiderer le lieu de ma Sepul-
ture.

    L'Experience me doit auffi autho-
rifer prés de vous, puis que fans foupçon de Vanité ie puis monftrer que
depuis la Iournée de Pauie iufques en
l'année mil cinq cens quatre vingts &
fix, i'ay continuellement porté les ar-
més, exercé les plus grandes charges de
la Milice, receu vingt cinq playes le vi-
fage tourné vers les ennemis, efté re-
compenfé treize fois extraordinaire-
ment pour feruices rendus, & qu'enco-
res à prefent mon extréme Vieilleffe
eft employée aux Ambaffades & Con-
feils d'importance.

    C'eft pourquoy les larmes à l'œil,

& l'Esprit sur les léures, ie vous inuite, ô Roys & Princes, d'auoir memoire de ces dernieres Paroles : Et vous conjure de les oüyr & lire vous-mesme attenti-uement, & ne vous contenter de les sçauoir par le rapport de vos gens d'af-faires : Pource qu'aucuns d'eux ont à côtre-cœur les Cóseils pour bons qu'ils puissent estre, qui ne sont prouenus de leur iugement ; D'autres trauaillez d'ã-bition ou de leurs particuliers interests, pour demeurer plus longuement en l'estime des Princes qu'ils seruent, esloi-gnent de leur Cour & de leurs Con-seils ceux qui s'en veulent approcher.

Ie desire toutefois que les vns & les autres soient satisfaits de moy ; les pre-miers pour ce qu'ils cognoistront clai-rement que mon aduis est salutaire, & qu'il n'a encore esté proposé; & les der-niers ne me trouuerót enuieux de leurs commoditez, ny competiteur en leurs charges ; m'eſtant permis de dire auec le fidel amy du Roy treſſainct, Quels ſont les iours de ma vie, pour monter auec le Roy en Hieruſalem ? Ie ſuis à cette heure Octogenaire , n'ay-je pas encore les ſens aſſez bons pour diſcerner le doux d'auec l'amer? Voulant dóc ſincerement, ſans eſperance ny crainte de bien ny de mal, comme eſtant ſur le poinct de rendre compte au Iuge Eternel, dire ce qu'il me ſemble des affaires qui roullent à preſent, & auſquelles j'ay occupé la meilleure partie de ma vie, ie vous demande, ô Roys & Princes, vne fauorable attention.

Deſia par vn ſiecle entier nous auons veu auec douleur vne partie de l'Europe diſſipée en des diſſentions ciuilles , & l'autre craignant les maux qu'apporte la guerre, conſommer ſes

commoditez en appareils pour s'en
deliurer; Les causes de telles émotions
n'ont esté que trop cogneuës, estant
certain qu'vne profonde auarice , vn
appetit desreiglé de dominer, ou bien
vne excessiue superstition les ont pro-
duit : car encore que les bons Princes
soient religieux à ne declarer la guerre
que par vne pressante necessité, si ne
s'en treuue-il que rarement qui n'aye ce
desir d'estendre les limites de leur souueraineté. Et tout ainsi que la fumée
noircit indifferemment tout ce qu'elle
rencontre, de mesme ces pestes s'insi-
nuent dans les ames, & par de funestes
persuasions déprauent ce qui a esté ver-
tueusement institué : D'où vient que
treuuant place dans les esprits des Roys
& Princes, elles infectent incontinent
les Chefs des gens de guerre, & portēt
les volontez des soldats à desirer des

nouueautez ; ce qui fait que les armées
(quoy que mifes fur pied, pour deffendre les bons contre les mefchants) ne
laiffent de commettre toutes fortes
d'excés & de violences, & en fin mal-
heureufement fe diffiper: Ainfi chacun
donne maintenant, comme on a fait
autresfois, telle couleur qu'il veut à fes
armes; aucuns les couurét d'vn mãteau
de Iuftice, d'autres fõt trophees de leur
impieté; & raremét s'en récontre-il qui
aye le pretexte fi bon qu'il ne s'y trou-
ue quelque malice noire fecrettement
entremeflee : Toutes lefquelles caufes
font aujourd'huy conjointes à vneau-
tre plus puiffante, & qui les rend moins
fufceptibles de remedes qu'elles ne l'e-
ftoient auparauant; c'eft elle qui r'af-
femble, émeut, & fait agir les vices
plus violemment qu'à l'ordinaire : Et
afin que la cognoifliez, ie vous diray, ô

Roys & Princes, ce que personne n'o-
zeroit vous reprocher, si elle n'est sur le
bord du cercueil; C'est vôtre ignorãce,
peu de soin, & damnable lentitude aux
affaires, veu que du sçauoir, vigilance
& action, dépendent les piuots sur lesquels les Royaumes ont coustume de
se mouuoir. Que si trop librement ie
vous parle, vous deuez pardonner à
ma franchise, puis que vous escoutez
vn veritable Conseiller, & non vn flat-
teur, & que les meilleurs Conseillers
sont ceux qui sont morts ou proches
de mourir: L'ignorance des Roys est,
qu'ils pensent ne faire la guerre que
pour r'auoir ce qui leur appartiét, ven-
ger des outrages, deffendre leurs alliez,
proteger la pieté; & toutefois les desseins de ceux qui les jettent en telles en-
treprises sont tous autres, & les euene-
mens dissemblables, ne desirants rien

plus ſinon que les Rois & Princes ſoiét deſpoüillez de leurs Eſtats, que la forme obſeruée au maniment de la choſe publique ſoit changée, que les Miniſtres des Roys commandét à leurs Maiſtres; & que l'Allemagne affoiblie par de ſanglants combats, ſoit en fin reduite à ſouffrir le joug de la tyrannie des Ottomans.

Du temps de nos peres, Charles Duc de Gueldre, qui fut ſurnómé le Hardy pour ſon haut courage, eut guerre ciuile auec le Roy de France, les pretextes en furent diuers, la gloire de s'agrádir, la vengeance des injures: & comme écrit Cómines qui participoit aux conſeils plus ſecrets, le Roy ny Charles ne ſçeurent oncques les cauſes pour leſquelles leurs Miniſtres & Capitaines les auoient jettez aux armes; ceux du Roy preſſoient leur Maiſtre de ró-

pre

pre auec le Duc, afin que la puiſſance
de Charles eſtant diminuée, il fuſt re-
duit à implorer la paix par l'entremiſe
de quelque Prince du Sang, auquel il
dóneroit ſa fille en mariage : Et pource
on luy écriuoit de la Cour du Roy qu'il
vint en France, & qu'il y trouueroit
des amis.

Ainſi à leur dommage ces Princes
ſe faiſoient la guerre à l'appetit de leurs
Seruiteûrs, & ſans legitime occaſion,
mettoient leurs Prouinces à Feu & à
Sang.

Encore à cette heure vos Armes
ſont aueugles, ô Roys & Princes, par-
ce que, ou vous eſtes perfidemét pouſ-
ſez à la guerre par vos Domeſtiques,
ou doleuſement par les Eſtrangers ; &
tous deux concurrent en meſme volô-
té de bouleuerſer meſchamment voſtre Monarchie ou Principauté, qui eſt

le point auquel ſe termine la fureur des
émotions; & ſi l'on daigne conſiderer
de prez ces Flambeaux ou Trompettes
de Seditions, on trouuera qu'ils ont af-
foibly les Monarchies pour les changer en Ariſtocratie ou Democratie, &
que par leurs artifices les forces des
Roys, & les richeſſes des particuliers
ont ſeruy à produire telle mutation: &
tout de meſme qu'on voit au cours de
la vie vn Circuit, & qu'auec la ſuitte
des années les affections changét l'eſtu-
de & les exercices; ainſi dans le corps
du Monde, & en la ſocieté des Mortels
il s'y remarque vne pareille diuerſité,
qui n'eſt pas ſeulement vtile, mais auſſi
appreuuée.

Au commencement que les Peu-
ples furent diuiſez en Nations, les Citez eſtoient ſouuerainement regies par
les Roys, & viuoient en paix & dou-

ceur fous leur authorité; tous vouloient
vn Roy, vniffoient leurs volôtez pour
l'eflire, puis le conferuoient au peril de
leurs vies : Mais auffi-toft que les Roys
eurent mis les peuples à mefpris, impo-
fé fur eux des tributs, exigé des peages,
commandé des ouurages outre raifon,
& que ce qu'ils auoient ofté aux necef-
fiteux fe voyoit confumé au luxe de
leurs fuiuants, la forme du Gouuernement fut changée, & au lieu des Roys,
le Peuple, ou les Principaux prindrent
en main le regime Souuerain.

A pres que les Tarquins eurent efté
chaffez de Rome, peu de Roys com-
manderent en Italie, & demeurerent
les Peuples quafi en vne entiere liberté:
les premieres Hiftoires font mention
de Tatius Sabinus, & les dernieres de
Porfenna, qui s'efforça de remettre les
Tarquins: & lors, vn Roy affaillit l'au-

tre; les Latins entreprindrent la mesmē
chofe, afin que le Peuple qui cōman-
doit dehors, feruift dedans la ville, ou
pource que les Latins en eftablifsant
leur Roy affermiffoient par ce moyen
leur puiffance.

Or pour fçauoir quelle haine con-
ceut en ce temps-là le Peuple d'Italie
contre le nom de Roy, les calamitez
que fouffrirent les Veïentins le mon-
ftrerent affez, lefquels pour auoir creé
vn Roy entre-eux, afin d'éuiter vn émi-
nent peril, furent abandonnez de leurs
Voifins au befoin.

Depuis, la puiffance des Romains
croiffant, le nom de Roy fe perdit; l'I-
talie & l'Efpagne eftoient fans Roys;
l'Affrique auoit celuy de Numidie &
quelques autres; celuy des Carthagi-
nois eftoit puiffant, & fon Empire ef-
tendoit fes limites fur celles des au-

tres Roys ; la Gaule en auoit peu, &
l'Allemagne n'auoit que de petits roy-
telets ; le mefme eftoit dans les nobles
contrée de l'Afie ; & d'autant que leurs
efprits eftoient éloignez de la Royauté, ils choifirent le Gouuernemét Populaire ; D'où vindrent les Ptolomées,
Antiochus, Attalus, Deiotarus, Nico-
medes, Maffiniffa, & autres qui furent
faits captifs ou tributaires des Romains, & ne regnerent que par leur
permiffion, iufques à ce que de leur
confentement ou par force, leurs Prouinces eftant fubjuguées, ils feruirent
d'accroiffement à la grandeur des plus
puiffants.

Ce temps-là auquel les efprits eftoient portez à haïr les Roys, femble
par vne viciffitude des chofes eftre
maintenant retourné ; veu qu'on ne
f'ayde à cette heure de la force des

Roys que pour ruiner les autres Roys,
& en leur places ſubſtituer des Gou-
uernemens populaires. De ſorte que
ſi leurs deſſeins reüſſiſſent, à peine dãs
peu de iours, ouïra-on parler du nom
de Roy dans les plus floriſſans Royaumes, leur penſée ne viſant à autre ob-
ject ſinon de l'abolir, & par audace &
legereté former de nouuelles Republi-
ques ; Ils préſument en ce faiſant de
prendre part dans la ſouueraineté, &
qu'ils commanderont & obeïront
à leur tour ; ce qu'ils ſçauent n'a-
uoir lieu dans les Royaumes & Principautez.

Vne autre eſperance encore les
nourrit, qui n'eſt vaine, de pouuoir
en brief chaſſer les Roys de l'Europe,
s'ils ne ſõt preuenus; dequoy les ſages
Politiques diſcourent en ceſte ſorte.

Dans le deſtroit de la mer Adriatique, la Noblesse de Venise y commande absolument ; laquelle confederée auec le Turc, a conquis sur les Princes ses voisins ce qu'ils y possedoient ; le reste de l'Italie qui auoit à mespris les Empereuis de Constantinople à l'imitation des Venitiens, leue la teste, esperant d'obtenir vne semblable liberté ; ses principalles villes sont Milan, Gennes, Pise, Floréce, Luques, lesquelles se font roidies contre les Roys, iusques à ce qu'elles ayét esté extenuées par guerres continuelles. Les Suisses pareillement se font souftraits de la domination de leurs Princes, & non contents de s'eftre reuoltez, se font mis en deuoir de ruiner entierement la Noblesse de leur païs ; & apres auoir acquis leur liberté auec grand' perte de sang, ils ont fait des loix soubs lesquelles ils viuent, se

font liguez auec les autres peuples qui
habitent les Alpes, & par ce moyen
rendu formidables aux Roys, & faicts
arbitres des guerres entre France & Allemagne; lequel exemple cognu d'vn
chacun, a eu d'autant plus de force
pour efmouuoir les autres Peuples à
fortir de l'obeïffance, que perfonne n'a
confideré la confequence d'vn tel
changement, ny le peril qui s'en peut
enfuiure.

Les Grifons fe font joints aux Suif-
fes, & autres peuples qui habitent les
Alpes, Geneue refufe de recognoiftre
fon Prince, Bafle, Conftance, Straf-
bourg, font entrée en alliáce auec eux.

D'autres Citez fe font foufleuees à
mefme fin contre l'Empereur, contre
les Princes, ou bien contre leur Senat
domeftic : car quelle ville y a-il qui au
dêlà de cent ans n'aye chaffé ou tué
fon

son Senat; & la cauſe de tous ces maux
eſt cette liberté recherchée contre les
loix, & par toutes ſortes de meſchan-
cetez.

Le Septentrion n'eſt pas en meil-
leur eſtat, Lubec, Hambourg, Dan-
tiſc, Roſtoch, Breme, & les autres
villes qu'on appelle Anſiatiques ſe ſõt
vnies malgré l'Empire, & leurs richeſſes les ayant renduës preſomptueuſes,
ont ſecoüé la domination des Sei-
gneurs & Princes, ſous l'authorité deſ-
quels elles s'eſtoient agrãdies ; laquelle mutation ne fuſt lors aſſez conſide-
rée, ou pour ce qu'elle arriua en diuers
temps que le dommage qu'elle appor-
toit ne touchoit vn ſeul Prince, mais
pluſieurs qui eſtoient entre-eux diuiſez : ſçauoir l'Empereur, l'Holſate,
Dannemarch, Pruſſe, Saxe, & nombre d'Eueſques qui furent lors depoſ-

C

sedez du domaine qui leur apparte-
noit; Ce premier pas fut fait pour aller affoiblir la puissance des Princes,
mais l'on y proceda puis apres assez
lentement. Le Turc pressoit lors les
Venitiens peu courageux. Les Suisses
paisibles de leur naturel, n'estans ri-
ches, ny munis de Cauallerie, aiment
mieux garder leurs païs, que de con-
querir celuy d'autruy. La puissance
des villes Ansiatiques estoit égalle à
celle de quelque souueraineté que ce
fust; & ne laissoient pourtant d'estre
entre-elles diuisées, & chacune auoit
chez soy quelqu'vn que l'on jalousoit,
qui cerchoit de s'emparer de l'authorité, & se faire le maistre; ainsi n'ayant
peu demettre l'Empereur ny les Princes de leur siege, ils se sont contentez
de les affoiblir, s'appropriant leurs ri-
chesses & reuenu ordinaire. D'où

vient que l'Empire qui est grand, n'est qu'vn corps destitué de nerfs sans les villes.

Cette Republique ainsi establie, encore les esprits n'estoient-ils d'acord s'ils choisiroient le gouuernement d'vn seul ou de plusieurs, & cependant qu'ils se mocquoient des Princes & de la Noblesse, appellants ceux-là Senateurs de villes, & ceux-cy païsans, & valets de cuisine de quelque homme de Cour, ils declinerent tout d'vn coup en l'administration Populaire.

Quand les Flamans, que le trop grand aise rendit mal'heureux, se reuolterent contre leur Souuerain. La cause impulsiue de leur sousleuement ne fut autre que pour s'affranchir de la domination d'Espagne. Le Prince d'Orange & autres conjurez pour n'estre tenus de rendre compte du chan-

gement qu'ils auoient fait des Magiſtrats ny de leurs autres actions, ils fi-
rent conſentir aux villes par art ou
par force, que les Senateurs de chacune auroient pouuoir de manier les deniers publics, & diſpoſer des affaires
comme ils iugeroient à propos, ſans
qu'ils en peuſſent eſtre recherchez.
Telle fut la cauſe de leur rebellion,
non la Religion, ny les exactions, ainſi
qu'ils l'ont voulu publier; car les Eſtats
pourueurent premieremént à la Religion Catholique, puis recogneurent
Mathias d'Auſtriche ieune Prince
pour leur Gouuerneur. En troiſieſme
lieu eſleurent pour leur chef le Duc
d'Alençon qui eſtoit Catholique, &
ne peuuent dire auec raiſon que la
violence ou les impoſitions enormes
les ayént fait ſouſleuer, veu qu'ils en
ſupportent aujourd'huy dix fois da-

uantage qu'ils ne faiſoient lors : que ſi
l'on regarde de prés à leurs loix , on
treuuera qu'ils les ont tirées de celles
des Venitiens : car celles qu'ils donne-
rent à Mathias Archiduc d'Auſtriche,
ſont telles.

I. L'Archiduc gouuernera les Prouinces par le Conſeil des Eſtats, & luy
ſeront donnez des Conſeillers par les
ordres generaux des Eſtars, & les Ori-
ginaires du païs declarez propres à telles charges par deſſus tous autres.

II. Tous affaires ſeront reſolus par
la voix & ſuffrages des Conſeillers, &
apres qu'ils auront eſté conclus, il ne
ſera au pouuoir d'y deliberer de nou-
ueau, ny changer quelque choſe.

III. Si quelqu'vn des Conſeillers ne
ſe comporte auec probité en leurs
charges , ou qu'elle leur ſoit de trop
grand poids, à la priere des Ordres ge-

neraux, il y fera pourueu.

IV. Aux affaires de grande importance, qui regarderont le bien general
des Prouinces, le Gouuerneur n'y pourra prendre aucune refolution fans le
confentement des Ordres generaux.

V. Qu'aux chofes difficilles, ou qui
regardent toutes les Prouinces, comme les impofitious, collectes de deniers, conditions de paix ou de guerre
auec Princes ou peuples Eftrangers,
obligations, & autres chofes fembla-
bles, Les Ordres Generaux feront tenus d'en communiquer aux Principaux des Communautez auant que de
rien conclure; eftant iufte que ce qui
regarde l'intereft d'vn chacun foit par
eux approuué, les Priuileges & Cou-
fturres du pais l'ayant ainfi de tout
temps ordonné.

VI. Que le Gouuerneur fans le Con-

feil & confentem ent des Ordres Generaux legitimement conuoquez , ne
pourra eftablir aucune nouueauté ou
chofes infolites , en vertu d'Ordon-
nance ou mandement de qui que ce
foit.

VII. En touts les affaires aufquels le
Prince naturel du pays, comme Duc
de Brabant fouloit donner fa refolution, refpondant les Cahiers du Duché
de Brabant , Le Gouuerneur ne le
pourra faire que par l'aduis des Ordres
Generaux , & les Deputez feront o-
bligez de les reprefenter aux Eftats
Particuliers dudit Duché premier qu'à
nuls autres.

VIII. Toutes lettres que receura le
Gouuerneur qui concernerôt en quelque forte l'Eftat d'vne des Prouinces,
feront par luy prefentées au Côfeil d'E-
ftat, afin qu'il y foit deliberé & refolu.

IX. Qu'au Conseil d'Estat il ne sera traitté d'aucun affaire graue, difficile, ou qui regardera les trois Ordres, qu'en la presence du plus grãd nombre, non autrement.

X. Que tous Actes, Decrets & Resolutions du Conseil seront annotées dans les regiftres, & soufcrittes.

XI. Que le Gouuerneur reftablira & confirmera les Couftumes, Priuileges & Inftitutions anciennes, caffées, furcifes ou oftees par violence.

XII. Les Deputez des Ordres Generaux demeureront affemblez, tant qu'ils verront neceffaire pour le paracheuement & expedition des affaires, comme auffi les Ordres Generaux se pourront affembler toutes & quantesfois qu'il leur plaira.

XIII. S'il fe prefente quelque affaire d'importance, pour lequel il foit be-

foin

ſoin d'aſſembler les Eſtats, vne Prouince le requerant, les autres ſeront tenuës
de s'y trouuer ; & le pourront faire ſans
attendre ſur ce les mandemens ou con-
ſentement du Gouuerneur.

XIV. Aux Ordres particuliers de
chaque Prouince, ſera permis de s'aſſembler quand ils voudront, & en tout
temps.

XV. Le traicté de paix fait à Gand
ſera exactement obſerué en touts ſes
points, ſans qu'aucunement ny ſoubs
aucun pretexte il puiſſe eſtre enfreint
ou diminué.

XVI. Et afin que l'interpretation du
Traitté ſuſdit ne puiſſe apporter different ou difficulté, l'explication des Articles qui auront quelque doubte, de-
meurera aux Ordres Generaux legitimement aſſemblez.

XVII. Le Gouuerneur n'aura autre

gens pour fa fuitte , que ceux que les Ordres luy prefcriront felon le temps & la faifon, & n'en pourra demander dauantage.

XVIII. Le Gouuerneur & le Confeil qui luy fera donné par les Ordres Generaux pourront créer les Generaux d'armees, tant de terre que de mer; cóme auffi l'Admiral, le Grand Efcuyer, le Colonel de l'infanterie, & autres premieres charges de guerre.

XIX. Il ne pourra faire aucune leuée extraordinaire de gens à pied & à cheual, ny mettre auffi garnifon dans les villes, fans le fceu & confentement des Ordres , & les aduis des habitans preallablement ouïs.

XX. Ne pourra pareillement eftablir des Gouuerneurs aux Prouinces, fans le Confeil & confentement, tant des Ordres Generaux que des Prouinces : & prendra garde qu'ils soient (si faire se peut) habitans d'icelles Prouinces ou Regions, & qu'ils y ayent des possessions & du reuenu, ou du moins qu'ils soient agreables aux Peuples ausquels ils doiuent commander.

XXI. Il administrera en temps de guerre les plus importants affaires, & executera ce qui luy sera prescrit par le Conseil de guerre que les Ordres Generaux establiront prés de luy.

XXII. Le Conseil de guerre qui ne regardera l'aduantage des Estats ne sera point executé, que les Ordres Generaux n'en ayent esté premierement informez.

Par le reste des Articles qui suiuent, il est ordonné qu'ils obserueront tout ce qui leur sera commandé, & prometront par serment de l'executer ; & par l'Article vingt-sixiesme, ils s'attribuent

la diſtribution des deniers , & la poſ-
ſeſſion de leurs treſors. Finalement, ſi
le Gouuerneur manque d'obſeruer ces
Articles ou quelques autres , ils decla-
rent qu'ils pourront iuſtement l'attaquer & luy faire la guerre.

Plus ample pouuoir ne fut donné
au Comte de Leinceſtre, lequel en l'an
mil cinq cens quatre vingt ſept ſ'en retourna en Angleterre , pour ce qu'il
n'auoit parmy eux que les parements,
& non l'authorité d'vn veritable Gouuerneur. Auſſi dient-ils ouuertement,
Que leurs Gouuerneurs ne peuuent
rien, ou peu de choſe ſans le conſente-
ment des Ordres , d'autant qu'ils ne
ſçauroient diſpoſer d'aucune choſe,
fors que du reuenu des impoſitions
qui ſont affectees à la nourriture & en-
tretenement des charges de ſa Maiſon;
Les Ordres ſ'attribuant en outre l'au-

thorité de corriger leur chef, non seulement de paroles, mais de fait ; Et de
chastier les Conseillers qui l'assisteront,
ainsi que peu apres il arriua à Leïden,
où les amis du Comte de Leincestre
furent mis à mort.

Que font-ils donc autre chose, que
de parer la Statuë de leurs Princes d'vn
nom specieux, appellant leur Gouuerneur celuy qui n'a aucune faculté d'a-
gir? Le Duc des Venitiens aux Pom-
pes publiques est Prince, au Conseil il
n'est que Senateur ; Captif dedans la
ville, & dehors criminel ; luy estant
deffendu, sur peine de la vie, de sortir
sans congé. Le Prince ou Gouuerneur
des Hollandois n'a rien de plus en ap-
parence, & moins encore dans les fan-
fares publiques.

C'est pourquoy Mathias jeune
Prince fut conseillé par l'Empereur

sur son frere, & par le Roy Catholique,
de se retirer & mettre en liberté.

Peu de temps apres, sçauoir en l'an
mil cinq cens quatre vingts deux, ils
appellerent de France le Duc d'Alençon, frere du Roy, pour le masquer de
cette qualité de leur Prince ; Lequel
estant arriué à Anuers auec magnifi-
cence, l'esleurent pour leur Gouuerneur, mais sans aucun pouuoir ; dequoy
se sentant offensé , & qu'ils se mocquoient, ne luy donnant qu'vne qualité imaginaire, il s'en voulut ressentir ;
Et apres y auoir perdu beaucoup de
Noblesse & de Soldats, il s'en retourna
en France ; publiant que les Flamans
ne demandoient pas vn Prince pour
leur commander , & qu'ils n'en vouloient que l'vmbre seulement & la fi-
gure ; Dont il ne se faut estonner, pour
ce qu'ils n'auoient non plus d'enuie de

se soubmettre à vn François qu'à vn
Espagnol, mais bié de regir leurs mou-
uements soubs le nom d'vn Prince de
France ; Ainsi tout ce qu'ils negotie-
rent auec le Duc d'Aléçon ne fut que
feintise, & la haine qu'ils portoient aux
François, ne demeura longuemét sans
estre découuerte.

Leur dissimulation n'estoit encore
alors venuë à son periode : car estant
haïs , tourmentez , & pressez par les
François, ils recoururent en Angleterre en l'an mil cinq cens quatre vingts
quatre, dont ils ramenerent pour la se-
conde fois le Comte de Leincestre ;
mais à peine eut-il commancé de faire
la charge de Gouuerneur, qu'vne partie de ceux qui estoient prés de luy furent tuez, ce qui luy donna occasion
de s'en retourner.

Si donc ils n'ont peu souffrir leur

Seigneur naturel, auſſi peu vn Alle-
mand, François, ou Anglois: Qui ne
vcoit que ça eſté pour eſtablir vne autre forme de Republique , & qu'ils
n'ont appellé à eux des Princes Illuſtres
que pour les honorer de tiltres imagi-
naires, & garder par deuers eux les ſoli-
des & veritables?

Ils n'ont depuis ce temps-là fait autres choſes que d'exciter des broüille-
ries & ſouſleuemens, ou bien de les ap-
puyer & fauoriſer: car à quoy pouuoit
tendre ce qui ſe paſſa en Angleterre
pour la liberté? A quelle fin ce qui eſt
arriué en France auec les Huguenots?
n'ont-il pas enſemblément conſpiré,
fait des aſſemblées ſecrettes, & collectes de deniers, afin d'eſbranler s'ils
pouuoient le Royaùme de France, &
rendre la puiſſance des Roys eneruée?

Henry quatrieſme ne l'ignora pas,
duquel

duquel l'Ambaſſadeur aduertit ceux
des autres Princes, lors que la Trefue
entre Eſpagne & eux ſe negotioit, qu'il
ne deſiroit l'agrandiſſement des Hollandois , & qu'il ne le jugeoit expe-
dient pour ſon Eſtat , ny ceux de ſes
voiſins.

Et toutefois le meſme Roy qui les a
aſſiſtez puiſſammét d'argent & de forces, les a depuis eſpreuué pour les plus
ingrats de tous les hommes , par ce
qu'ils ont fait des menées clandeſtines
auec les Huguenots de France, & ont
opprimé le Roy Louys ſon fils autant
qu'ils ont peu; eſtant veritable que le
Roy Louys ſe voyant agitté par la diſ-
corde des Princes de ſon Royaume,
voulut ſe promettre, qu'en ſouuenan-
ce des grands bienfaits que les Hollandois auoient receu de ſon pere, ils luy
donneroient ſecours ; mais tant s'en

faut qu'ils l'ayent assisté, qu'au contraire ils ne voulurent permettre aux troupes Françoises qui sont en garnison dãs leurs villes, & soldoyees par le ROY, d'aller deffendre la cause de leur Seigneur naturel, & presserent mesme sa Majesté au fort de ses affaires, auec importunité, d'éuoyer la solde qui leur estoit deuë. Par ainsi le Roy de France ne peut douter, moins encore celuy d'Angleterre, qui a plus grande cognoissance des deportements des Hollandois que nul autre, qu'ils n'affectionnent rien tant que le gouuernement Populaire, & qu'ils desployeront volontiers leurs efforts quant ils penseront mettre bas la puissance des Roys, quoy qu'ils ayent esté par eux protegez.

En mesme temps par vn long chemin & plein de perils, ils enuoyerent secours aux Venitiens à l'encontre du

Roy Ferdinád,qui ne les auoit oncques offencé, non pas feulement de parol-le ; Pourquoy , ô Hollandois , auez-vous abandonné le Roy de France à fon befoin, qui eſt voſtre voiſin, qui s'eſt móſtré Protecteur de voſtre liber-té, qui vous a remis tant de milliós d'or que vous luy deuiez ? Pourquoy auez-vous retenu ſes Regiments quant il les vous a demandé? & toutefois auec tant de ſoin & de deſpence vous ſecourez les Venitiens : ce n'eſt pas la Religion qui vous y a conuié, par ce qu'ils ſont tous deux Catholiques; Auſſi peu auez-vous conſideré leurs merites, pour ce que vous deuez au Roy de France ce que vous poſſedez , & meſme voſtre vie & liberté. Quelle peut eſtre donc la cauſe qui vous y a inuité ? la haine feule que vous portez à la Royauté, & l'amour que vous auez pour eſtablir l'Aristocratie & Democratie.

Vous auez troublé l'Allemagne d'vne semblable furie, quant vous auez entrepris de souſtraire du corps de l'Empire l'Archeueſché de Cologne pour vous l'approprier, & l'vnir à voſtre puiſſance, afin d'auoir ſuffrage à l'Eſlection de l'Empereur, & que par apres vous puiſſiez diſpoſer de tout l'Empire.

Comment vous deffendrez-vous d'auoir attaqué auec vne armée le Duc de Brunſuich, & aſſiſté ſa ville contre luy, qui eſt parent proche du Roy de Dannemarch, & du Marquis de Brandebourg, vos alliez & confederez ? Ce n'eſt en ce point que vous pouuez alleguer la Religion : car iamais le Caluiniſme ne fut plus violamment, conſtamment, ny auec plus de rage attaqué qu'en la ville de Brunſuich : ce qui

môstre que c'est la seule haine quevous
portez au Gouuernement Ducal , &
l'affection que vous auez à celuy du
Peuple.

I'adjoufte que Magdebourg eft entrée en ligue auec vous , & defirerois
fçauoir à quelle fin cette Cité tant efloi-
gnée de vous à befoin de voftre amitié? La Hollande qui eft ennemie iurée
des fubfides , n'auroit-elle point leué
les armes contre le Marquis de Brandebourg , & le Duc de Saxe , ou contre
tous deux pour ce mefme fujet? Pourquoy contre la maifon de Brandebourg qui vo⁹ eft alliée & intereffee en
voftre amitié? Ie fçay que vous me ref-
pondrez , que vous eftes prefts de
faire la guerre pour toutes Citez contre quelque Prince que ce foit, & que
vous ne confidererés que les genres
d'hommes, & non leurs caufes.

E iij

EXORTATION

Les villes Anſiatiques ſont auſſi v-
nies auec vous, non pour autre ſubjet
que pour vous faire redoubter par le
Roy de Dannemarch, le Duc de Saxe
& autres, & que ces villes puiſſent ſous
voſtre aueu faire teſte aux Princes leurs
voiſins, & s'ils peuuent les opprimer.

Mais tout cela eſt vieil, vous haïſ-
ſez maintenant le Roy de France, &
auez eſté ſi outrecuidez de l'offencer;
vous vous eſtes joints auec l'Anglois,
pour ce que vous auez trouué trop de
difficultez à eſbranler le Royaume de
France, & qu'en celuy d'Angleterre
vous eſperez d'y mieux dreſſer voſtre
partie, pour ce qu'il n'eſt appuyé que
ſur vn heritier; & toutefois vous vous
eſtes retirez du Roy de la Grand Bretagne, deſlors qu'il a projetté de s'allier
auec Eſpagne : Ainſi vous cheriſſez
auec plus de ſoin les Venitiens, & les

villes Anſiatiques, & en faueur de l'Anglois auez fait mourir Barnauet amy
des François.

Que ſi ces choſes ne ſont encore
aſſez cogneuës, apres la rebellion de
Boheme, perſonne n'en peut plus doù-
ter. De tous ceux qui viuent ſous l'authorité des Rois, les plus libres eſtoient
ceux de Boheme : neantmoins par vne
cruauté barbare non vſitée entre Chre-
ſtiens, ils ont precipité du haut en bas
des feneſtres leurs Magiſtrats, nobles
d'extraction & de vertu ; & les ont cô-
damnez à mort comme criminels, ſans
toutefois ouïr leurs deffences ; Auſſi-
toſt les Ambaſſadeurs de Hollande y
accoururent, qui offrirent de les aſſiſ-
ter ; non contents de ce, ils courent
aux autres Prouinces pour les émou-
uoir, afin qu'elles ſ'eſtabliſſent en Re-
publiques, ſoient regies par des Dire-

cteurs , & que desormais elles ne dépendent que de leur seule volonté.
D'autres Princes ont fauorisé les Bohemes , mais pour ce que ce sont person-
nes foibles d'aage & de iugement, il
suffit de penser quels ils sont, sans les
nommer , lesquels pourtant doiuent
considerer en eux-mesme, quelle doit
estre vn iour la forme de leurs Estats, si
la Boheme, Silesie, Morauie & Austriche , ont quitté le commandement
d'vn seul, pour se ranger sous celuy du
Peuple ? Si Vlme & Noremberg leur
sont jointes, qui doubte que Amber-
que & le haut Palatinat ne recherche la
mesme liberté? il est infaillible que ces
Directeurs joindront à leurs marches
tout ce qui leur est voisin ; & se con-
fiant en leur puissance, ils tireront les
autres villes à leur faction, & ne laisse-
ront à leurs Princes que ce qu'ils ne

pourront

pourront leur enleuer : Que si l'on demande au Senat d'Vlme ou de Nurem-
berg pourquoy à leur dommage & en
pure perte ils épanchent tant d'argent
parmy ces rebelles de Bohemes, contre
l'Empereur ? ils respondront sans dou-
te que c'est afin que le gouuernement
Aristocratic ou Democratic soit esta-
bly parmy eux : Auspac & Brandebourg leurs voisins sont à redoubter
que le Palatin leur est suspect, qu'il y a
tousiours quelque different à démesler
entre les Princes & les Villes, & bien-
souuent des troubles, & que la Royauté est tousiours ennemie des villes libres. Ces mesmes raisons que les Bohemes alleguent pour iustifier leur rebellion contre leur Roy, ne manqueront
d'estre alleguées par ceux du Palatinat
& des autres villes, voire peut-estre de
plus specieuses ; mais vous estes abusez

si vous croyez que ceux de Nurem-
berg, Spire, Vvorme, vueillent que le
Prince Palatin deuienne puissant; tant
s'en faut que leur intention soit telle,
que leur dessein est de debiliter la puissance des Princes leurs voisins, afin de
mieux affermir leur liberté ; le desir
n'est qu'vn, des Hollandois ; Suisses,
Venitiens, Bohemes; & pour ce (dient-
ils) qu'ayants plusieurs differents à vui-
der auec leurs voisins qui sont puis-
sants, ils n'en peuuét auoir raison ; que
iamais leurs Senateurs ou Syndics qui
possedent des biens dans le Palatinat,
ne peuuent esperer aucune recom-
pense de ce que ce Prince leur detient
iniustement, & pour ce que la confe-
deration des Citez & Peuples libres
doit estre fauorisée, que cette entre-
prise auoit esté projettée il y a plus de
quatre-vingts dix ans, lors de la guerre

des Paysants, quoy que inconsideré-
ment, mais que maintenant par vne
meure deliberation il failloit oppofer
les Roys aux Roys, les Princes aux
Princes, iufques à ce qu'eftans affoi-
blis de part & d'autre, ils ne puiffent forcer les villes à demeurer en
leur obeïffance. Auffi n'ont-ils rien
tant à contre-cœur, que de veoir vne
ferme paix entre France & Efpagne,
& pour ce appellent les Alliances qui
ont efté n'agueres faictes en eux; Des
mariages deteftables. Dés-lors ils n'ont
ceffé de remuer tous moyés pour faire
que l'Anglois fift la guerre, & s'abftint
de l'Alliance d'Efpagne: Ceux de Bohe-
mé ne cõfient pas leur liberté à ceux
qui leur ont procurée; Mais quelle eft
cette liberté; veoir épuifer les finances
par ces tréte Directeurs, eftre trauaillez
continuellement de coruees, opprimé

par des gens de guerre; & pourtant ils
souffrent plus patiemment telles ex-
torsions, qu'ils ne font leur Prince;
d'autant qu'ils ont commis le commandement à plusieürs égallement, &
donné l'authorité souueraine à ceux
de longue robbe par dessus ceux de
l'espée.

Ce que les Bohemes ont practiqué
n'aynts declaré pour Conducteur de
leurs armées, celuy en qui tout le monde eust confiance, & qui eust aussi
pouuoir sur eux de vie & de mort, &
toutefois ils sont tombez en telles mi-
seres, que n'ayant voulu se confier aux
Princes Serenissimes, ils ont soubmis
leurs testes au Bastard de Mansfeld,
homme sans foy, qui a violé tout
droict diuin & humain, & qui ne peut
disposer son esprit à luy pardonner.
D'où vient que desesperez de leurs

affaires , ils cherchent des Estrangers
qui soient sans probité pour les assis-
ter & ausquels il ne puisse tomber
dans l'esprit, qu'vn iour ils puissent re-
gner en Boheme.

C'est ce qu'ils ont appris des Hollandois , lesquels ont eu long-temps
en honneur Maurice leur Gouuerneur, qui n'auoit autre authorité que
celle qu'ils luy auoient donnée, & luy
ont opposé Barnauel comme vn Fa-
bius à Scipion, & Hanno à Hannibal,
& depuis qu'ils l'ont veu accreu de
l'heredité de son frere , ils ont com-
mencé de le haïr, & l'eussent enuoyé
en Ostracisme , comme il se faisoit an-
ciennement ; si estant plus fin & vi-
gilât qu'eux, il ne les eust preuenus, &
qu'apres la mort de Barnauel, il n'eust
jetté dans les villes des Officiers, & ma-
gistrats de sa faction ; & pourtant la
F iij

haine n'est pas encore du tout esteinte contre luy, pour ce que l'aprehension qu'ils ont eu de tumber en en sa seruitude, les trauaille encore, ou bien de celle des Anglois; d'où vient qu'ils desirent veoir toute l'Allemagne en rumeur.

Ce que dessus est confirmé par ceux que les Princes employent en leurs negotiations, & par les façons dont leurs Conseillers ont coustume d'vser. Ceux qui traittent aujourd'huy les grands affaires au Conseil secret des Princes, sont volontiers contraires aux Monarchies & Principautez, & n'appreuuent que le gouuernement de plusieurs; la plus grande part d'entre eux estants nez dans les affaires publiques, raportent volontiers leurs consultations à leur profit particulier: Qui peut dénier que

depuis l'anne mil cinq cens quatre-
vingts dix, on n'ait veu dans la Cour
du Prince Palatin, à Heildeberg, les
Ambassadeurs des Rebelles de Hollande, estre preferés aux plus Nobles
& Comtes du Pays, & que les Estrangers estoient mieux traittez que les
fils des Citoyens de la ville? Qui ne
sçait qu'ils ont coustume de seduire
les Conseillers des Princes, & de ce les
acquerir, afin qu'ils portent leurs Mai-
stres à fauoriser leurs affaires?

Finalement ce Genre d'hommes,
fin, cauteleux, impatient de commandement, se glissent parmy toutes
les Cours des Princes, que le Roy de
la Grand Bretagne appelle Puritains:
& qu'ils ne soient tels, les Catholiques,
Lutheriens, Caluinistes, & autres pre-
tendus reformez le tesmoignent; &
tout ainsi qu'ils dissippent la discipline

Ecclefiaftique; de mefme vuëillent-
ils mettre en piece la Monarchie
pour en façonner vn regime populaire.

Ainfi l'on veoit clairement que les
perils qui menacent les Roys & Princes, viennent d'eux; & que par importunité ils ont forcé les Bohemes à re-
foudre que ceux qui n'approuueroiét
leurs Synodes, fuffent chaffez de leurs
villes.

Les moyens qu'ils prattiquent pour
renuerfer la plus ferme Monarchie
font TROIS. Les calomnies auec lefquelles ils rendent les Monarques odieux; •
Les Seditions qu'ils allument en leurs
Païs, & la guerre qu'ils y jettent pour
les faccager : Ceux rempliffent la terre
de méfonges & d'impoftures, qui font
fi ofez que d'entreprendre contre les
Roys; auffi n'y a-il rien de fi expofé aux
calomnies

calomnies que les actions de ceux qui
regnent, estant au pouuoir de ceux
qui viuent en vne liberté effrenée d'en
bien parler. Absalon calomnia son
pere qui estoit Roy & Prophete, Tes
propos (dil-il) semblent bons, mais
personne n'est commis par le Roy
pour en iuger.

Ce mal est né auec le gouuernement Populaire, veu que mesme dans
la Republique Romaine il ne s'est
trouué vn seul Tribun du Peuple
qui n'aye accusé de crime les Consuls
& le Senat. La matiere pour mesdire
est ample dans vn Royaume, par ce
que plusieurs qui ne sçauent les causes de ce qui se faict, blasment les Rois
de tyrannie, prennent leurs pretextes
sur les impositions & peages qu'ils le-
uent, les abaissent autant qu'ils peuuent; calomnient (si besoin fait) les

G

biens qu'ils ont receus, & ſe vantent
ſouuentefois d'eſtre en leur pouuoir
de jetter la guerre dans leurs Eſtats, &
de l'y nourrir par impoſtures ; Non
contens des calomnies, ils y adjouſ-
tent les effets, & diſſipent les Puiſſan-
ces : Sement des haines parmy leurs
ſubjets, ſoupçons, diſſenſions, & les
entretiennent curieuſement , ainſi
que clairement ie le puis monſtrer.

Il y a eu pluſieurs diſcordes en
France : & ceux qui cherchent de di-
uiſer ce Royaume, & au lieu d'vn ROY
faire pluſieurs Ducs, pour éneruer ceſte puiſſance , ils aſſiſtent la faction
contraire à la Royauté. C'eſt pourquoy les Hollandois refuſerent d'en-
uoyer au Roy ſa milice de Lentgraue
de Heſten , le Palatin , auec leſquels la
France eſt noüee d'antienne Alliance , ont fauoriſé les ſecours enuoyez

contre le Roy, aydent pluftoft à la
nation, qu'au Roy; non pas les Princes mefme, mais leurs Confeillers qui
appuyent la Democratie, & lefquels
publiét à haute voix qu'il vaut mieux
deffendre Boüillon que Bourbon.

Mais quelle en a efté l'iffuë? Les
Princes voyant le Roy fur le poinct
d'eftre le Maiftre, f'offrent à le fecou-
rir. Quant aux Confeillers des Princes d'Allemagne, qui font à la folde
des Holládois, leur but eft que la puiffance Royalle foit diffipee, afin que
les Princes venans à f'affoiblir, les villes fe puiffent conferuer en liberté;
laquelle quelques-vnes de France fe
font efforcées d'vfurper : & toutes fe
nourriffent en cette efperance : Car à
quelle occafion vn vieillard de Brabant euft-il perfuadé à vn jeune Prince qu'il joigniſt fes forces à ceux qui

aſſailloient vn jeune Roy, ſinon pour
renuerſer la Royaute, & monſtrer aux
ſubjets du Palatinat, de quelle ſorte ils
pourront vn iour agir à l'encontre de
leur Prince?

Dauantage, y a-il rien de plus per-
nicieux, ny de plus vſité parmi eux,
que de ſuſciter des ennemis aux Rois,
afin de les affoiblir? ce que toutefois
nous leur voyons prattiquer tous les
iours. Ceux de Brabant par Mer & par
Terre, depuis le Leuant iuſques au
Couchant, ſont en queſte de quelque
ennemi puiſſant qui oze attaquer le
Roy d'Eſpagne, ou ceux qui luy at-
touchent de proximité de ſang, ou
d'affinité.

Auec quel effort ont-ils aſſiſté les
Venitiens contre Ferdinand? & maintenant par des grandes promeſſes ils
échauffent les eſprits des Bohemes, &

essay-ent d'esbranler toute l'Allemagne. Ils se persuadent que quant la
Maison d'Austriche seroit rentrée
dans ses Royaumes & Prouinces, &
qu'elle auroit aneanti le regime Populaire, en s'alliant auec les Suisses,
Venitiens, Villes Ansiatiques & Im-
perialles, ils ne seront pas seulement
assez forts pour luy faire teste, mais
qu'ils pourront reduire sous leur puissance les autres Princes.

Ils ne se seruent de la Religion si-
non entant qu'elle leur est vtile pour
les agrandir, ainsi que tous leurs deportements le demonstrent. Les Venitiens qui sont Catholiques sont alliez du Roy Tres-Chrestien, du Duc
de Brunsuich Lutherien ; des Suisses
Iuingliés, des Bohemes Hussites, Picar-
dites Lutheriens; ils ont chez eux leurs
Armeniens, & quoy qu'ils eussétbeni

merité d'eux, si les ont-ils mis à mort,
bannis, confisqué leurs biens, detenus
prisonniers, & notez d'infamie. Mais
quel erreur reprennent-ils en la Do-
ctrine des Armeniens, puis que les
Lutheriens enseignent la mesme chose ; si l'on considere cinq principaux
poincts? comment peuuent-ils donc
estre Protecteurs de la foy des Bohemes, Silesiens, & de ceux d'Austriche, veu qu'ils se vantent d'estre les
deffenseurs des Euangeliques, puis
que en leur maison ils chastient si ru-
dement ceux qui faillent en moins
d'articles de leur foy? Tous leurs desseins ne tendent qu'à reduire les Rois
& Princes en Ordre, que le Peuple &
les Eleus tirez des plus bas sieges, ayent
le commandement absolu.

Et afin que les Princes Protestans
ne découurent leurs desseins, & qu'ils

dorment fans foupçon ou deffiance de tels perils, ils feignent de nouueaux pretextes, & les intimident d'vne tyrannie Papale ou Efpagnole, la liberté de la Religion, l'efperance d'occuper les Euefchez ; & quant les Princes fe feront longuement entre-battus, ils puiffent enuahir les plus foibles, & donner le gouuernement au Peuple.

Et pour ce, éueillez-vous, ô Rois & Princes, pour deffendre vos droicts & vos Majeftez, protegez les Rois & Princes vos voifins : Ce que les Anglois ont ozé, les Anglois l'entre-prendront ; Ce que les Bohemes ont executé, les Saxons feront le mefme, & ne leur manqueront pour ce faire les hommes ny l'occafió. Qui deffend les rebelles, il apprend à fes fubjets de fe reuolter. Qui prefte l'oreille aux

EXOR. AVX ROIS ET PR.
Eſtrangers qui calomnient leur Ma-
giſtrat, il ouure la porte aux Seditions
Inteſtines ; & ſi vous preſtez ſecours
aux Rebelles contre leur Roy, quant
ils auront vaincu leur naturel Seigneur, ils'armeront les voſtres contre
vous.

FIN.

*Par grace & priuilege du Roy, ſigné Du Lys, il eſt
permis à Joſeph Bouillerot, Jmprimeur & Libraire
à Paris, d'imprimer & debiter vn Liure intitulé, O-
ratio Paranetica de authoritate Regum & Prin-
cipum, &c. Auec deffences à tous autres Impri-
meurs & Libraires, de le contrefaire, à peine de deux
cens liures d'amende, comme plus à plain eſt porté par
ſes Lettres de Priuilege, pour le tẽps de deux ans, Don-
nées à Paris le 11. Januier 1620.*

Et ceditiour ledit Bouillerot a permis à Abra-
ham Saugrain, de joüyr dudit Priuilege, ſuiuant
leur accord,